Impressum
Verlag: BABADADA GmbH, Nedderfeld 112 , 22529 Hamburg
Geschäftsführer / Verlagsleitung: Harald Hof
Druck: Books on Demand GmbH, In de Tarpen 42, 22848 Norderstedt

Imprint
Publisher: BABADADA GmbH, Nedderfeld 112 , 22529 Hamburg, Germany
Managing Director / Publishing direction: Harald Hof
Print: Books on Demand GmbH, In de Tarpen 42, 22848 Norderstedt, Germany

学校

escuela

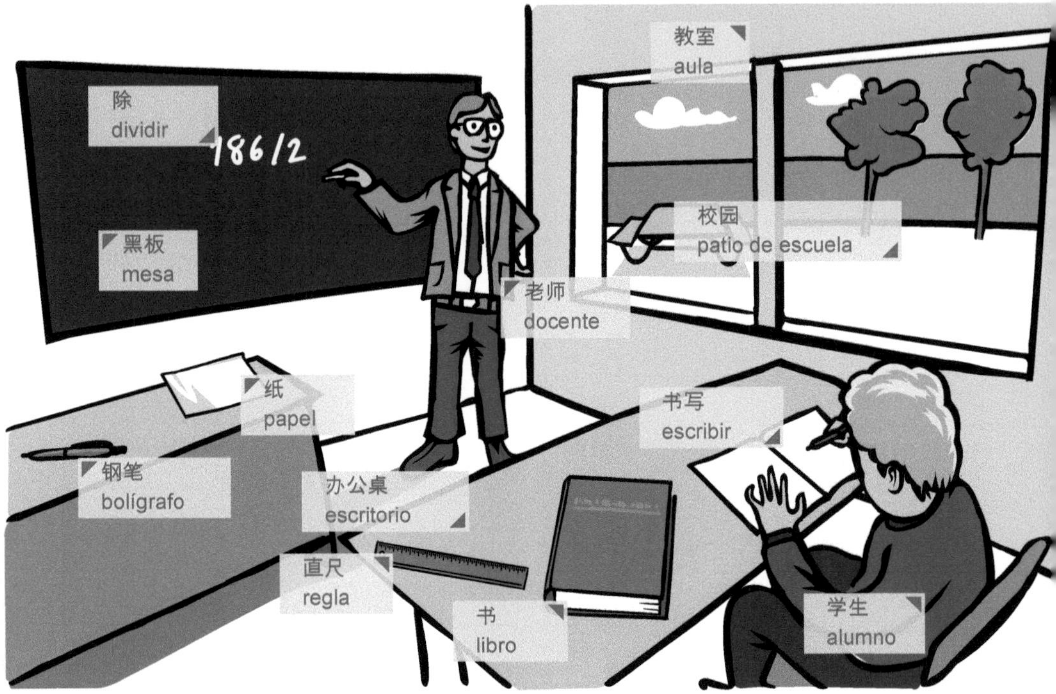

教室
aula
除
dividir
186/2
黑板
mesa
校园
patio de escuela
老师
docente
纸
papel
书写
escribir
钢笔
bolígrafo
办公桌
escritorio
直尺
regla
书
libro
学生
alumno

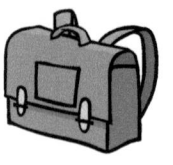

书包
mochila escolar

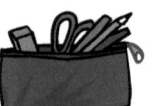

铅笔盒
caja de lápices

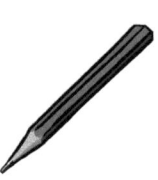

铅笔
lápiz

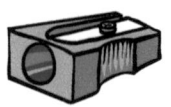

卷笔刀
sacapuntas

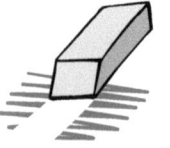

橡皮擦
goma de borrar

画板
bloc de dibujo

图画
dibujo

画笔
pincel

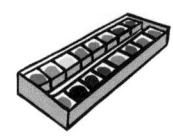

颜料盒
caja de pinturas

剪刀
tijera

胶水
pegamento

练习册
libro de ejercicios

家庭作业
tarea

12

数字
número

2+2

加
sumar

5-2

减
restar

2×2

乘
multiplicar

计算
calcular

A

字母
letra

ABCDEFG
HIJKLMN
OPQRSTU
VWXYZ

字母表
alfabeto

hello

字
palabra

课文

texto

读

leer

粉笔

tiza

上课

lección

登记

libro de clase

考试

examen

证书

certificado

校服

uniforme escolar

教育

educación

百科全书

enciclopedia

大学

universidad

显微镜

microscopio

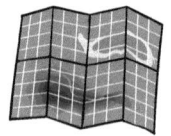

地图

mapa

废纸筐

cesto de papeles

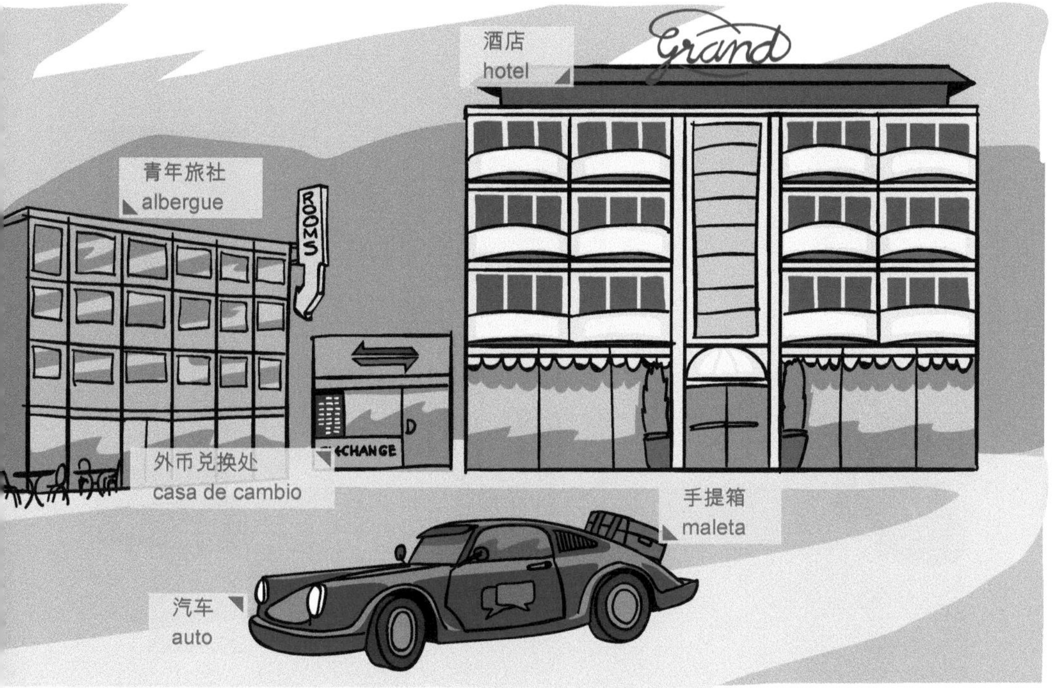

酒店
hotel
Grand
青年旅社
albergue
ROOMS
EXCHANGE
外币兑换处
casa de cambio
手提箱
maleta
汽车
auto

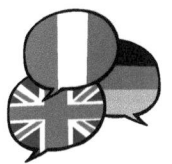

语言

idioma

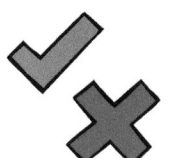

是/否

sí / no

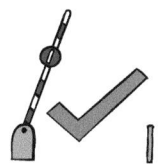

好的

ok

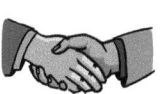

您好

hola

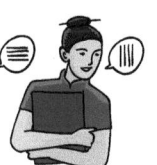

翻译员

intérprete

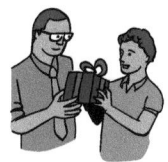

谢谢

gracias

……多少钱？

¿Cuánto cuesta…?

我不明白

No entiendo

问题

problema

晚上好！

¡Buenas tardes!

早上好！

¡Buenos días!

晚安！

¡Buenas noches!

再见

adiós

方向

dirección

行李

equipaje

包

bolso

双肩包

mochila

客人

invitado

房间

cuarto

睡袋

saco de dormir

帐篷

tienda de campaña

旅游信息

información al turista

海滩

playa

信用卡

tarjeta de crédito

早餐

desayuno

午餐

almuerzo

晚餐

cena

票

pasaje

电梯

ascensor

邮票

sello

边界

límite

海关

aduana

大使馆

embajada

签证

visa

护照

pasaporte

交通运输

transporte

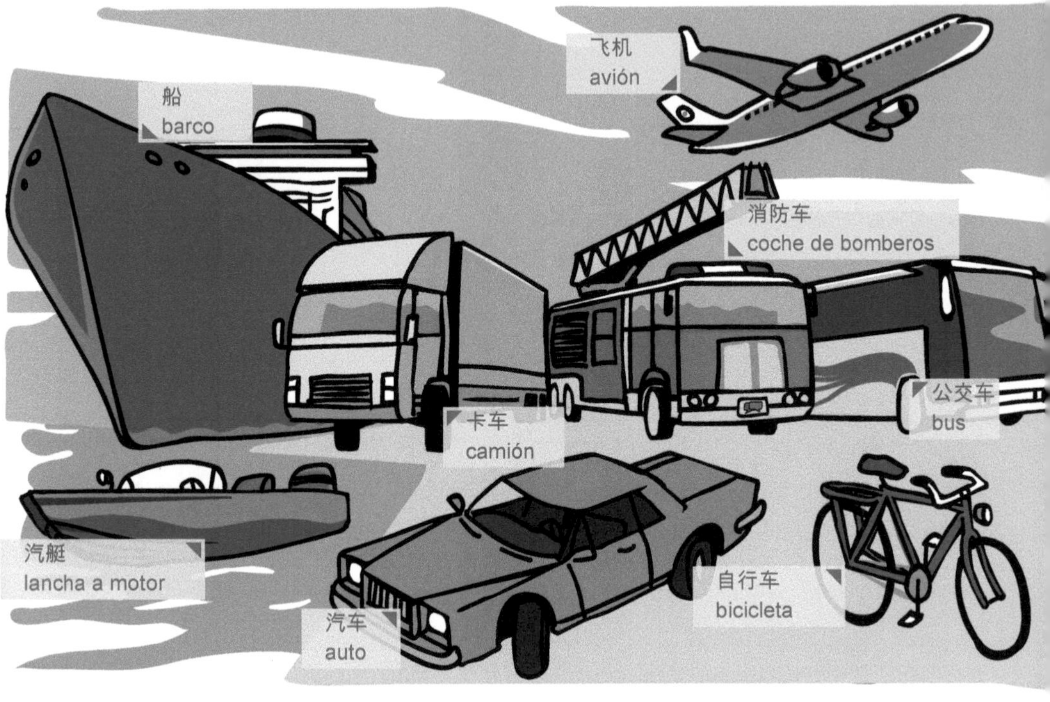

飞机
avión
船
barco
消防车
coche de bomberos
公交车
bus
卡车
camión
汽艇
lancha a motor
自行车
bicicleta
汽车
auto

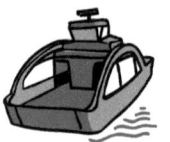

摆渡船

balsa

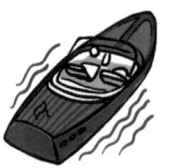

小船

lancha

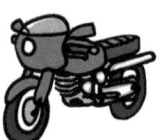

摩托车

motocicleta

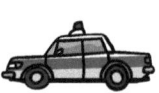

警车

auto de policía

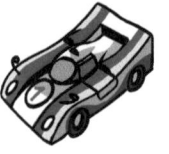

赛车

auto de carreras

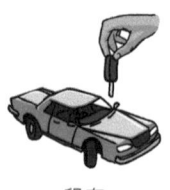

租车

auto de alquiler

拼车

alquiler de autos

拖车

grúa

垃圾车

vehículo recolector de basura

发动机

motor

汽油

gasolina

加油站

gasolinera

交通标志

señal de tráfico

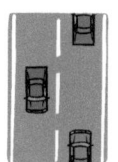

交通

tránsito

交通堵塞

atasco

停车场

estacionamiento

火车站

estación de tren

轨道

carril

火车

tren

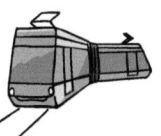

电车

tranvía

货车

vagón

直升机

helicóptero

机场

aeropuerto

塔

torre

乘客

pasajero

集装箱

contenedor

纸板箱

caja de cartón

手推车

carro

篮子

cesta

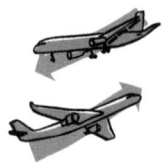

起飞/降落

despegar / aterrizar

城市

ciudad

村庄

aldea

市中心

centro de la ciudad

房子

casa

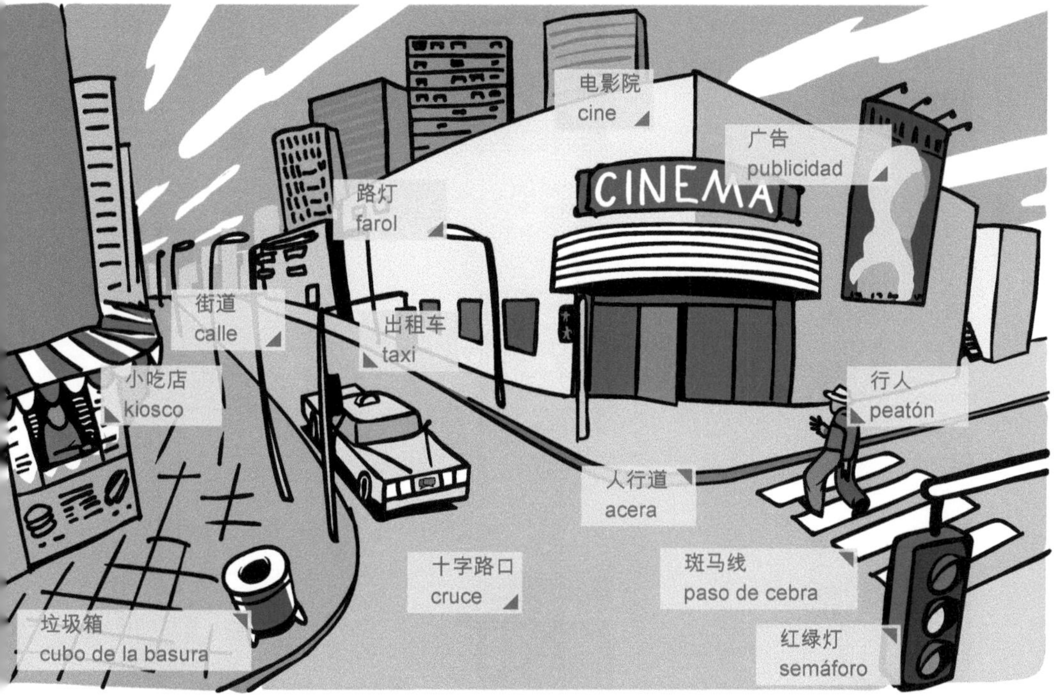
电影院
cine
广告
publicidad
CINEMA
路灯
farol
街道
calle
出租车
taxi
小吃店
kiosco
行人
peatón
人行道
acera
十字路口
cruce
斑马线
paso de cebra
垃圾箱
cubo de la basura
红绿灯
semáforo

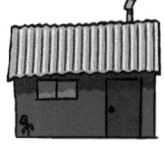

小屋
cabaña

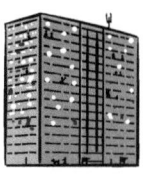

公寓
apartamento

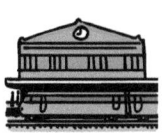

火车站
estación de tren

市政厅
ayuntamiento

MUSEUM
博物馆
museo

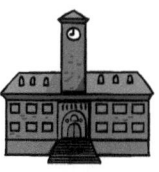

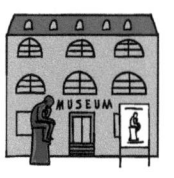

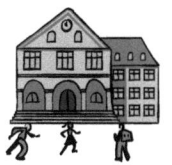

学校
escuela

大学

universidad

银行

banco

医院

hospital

酒店

hotel

药房

farmacia

办公室

oficina

书店

librería

商店

negocio

花店

florería

超市

supermercado

市场

mercado

百货商店

grandes almacenes

鱼店

pescadería

购物中心

centro comercial

海港

puerto

公园

parque

长凳

banco

桥

puente

楼梯

escalera

地铁

metro

隧道

túnel

公交车站

parada de autobuses

酒吧

bar

餐馆

restaurante

邮筒

buzón de correo

路标

letrero

停车计时器

parquímetro

动物园

zoológico

游泳馆

piscina

清真寺

mezquita

农场

granja

污染

polución

墓地

cementerio

教堂

iglesia

操场

parque infantil

寺庙

templo

地形

paisaje

树叶
hoja

指示牌
indicador de camino

路
sendero

草地
pradera

石头
piedra

树
árbol

徒步旅行者
caminante

河
río

草
pasto

花
flor

峡谷
valle

山
montaña

湖
lago

森林
bosque

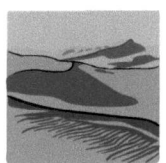

沙漠
desierto

火山
volcán

城堡
castillo

彩虹
arco iris

蘑菇
seta

棕榈树
palmera

蚊子
mosquito

苍蝇
mosca

蚂蚁
hormiga

蜜蜂
abeja

蜘蛛
araña

甲虫

escarabajo

青蛙

rana

松鼠

ardilla

刺猬

erizo

野兔

liebre

猫头鹰

lechuza

鸟

pájaro

天鹅

cisne

野猪

jabalí

鹿

ciervo

麋鹿

alce

水坝

embalse

风力发电机

aerogenerador

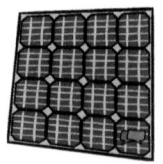

太阳能电池板

módulo solar

气候

clima

餐馆

restaurante

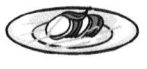

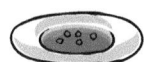

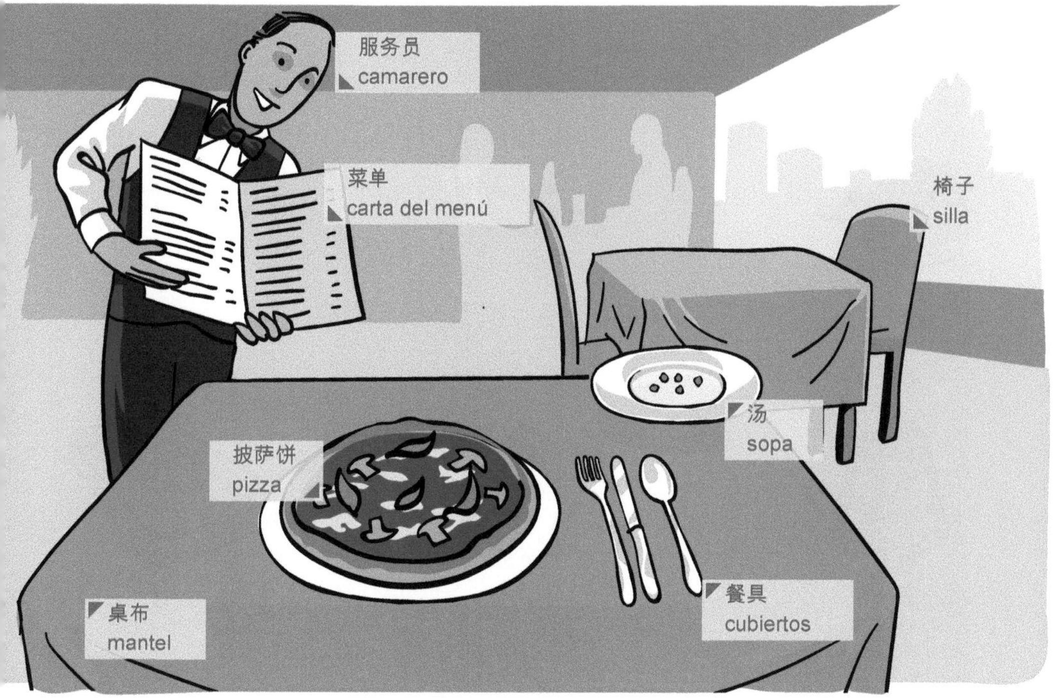

服务员
camarero
菜单
carta del menú
椅子
silla
汤
sopa
披萨饼
pizza
餐具
cubiertos
桌布
mantel

前菜
entrada

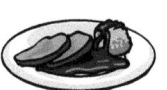

主菜
plato principal

甜点
postre

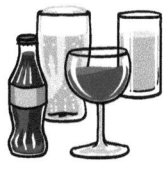

饮料
bebida

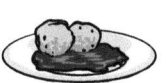

食物
comida

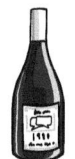

瓶子
botella

快餐

comida rápida

街边小吃

comida callejera

茶壶

tetera

糖盒

azucarera

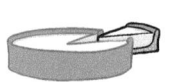

一份饭菜

porción

意式咖啡机

máquina de espresso

高脚椅

silla alta

账单

factura

托盘

bandeja

刀

cuchillo

餐叉

tenedor

勺子

cuchara

茶匙

cuchara de té

餐巾

servilleta

玻璃杯

vaso

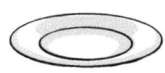

碟子

plato

汤盘

plato de sopa

碟子

platillo

酱

salsa

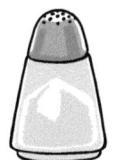

盐瓶

salero

胡椒磨

molinillo para pimienta

醋

vinagre

食用油

aceite

调味料

especias

番茄酱

ketchup

芥末

mostaza

蛋黄酱

mayonesa

超市

supermercado

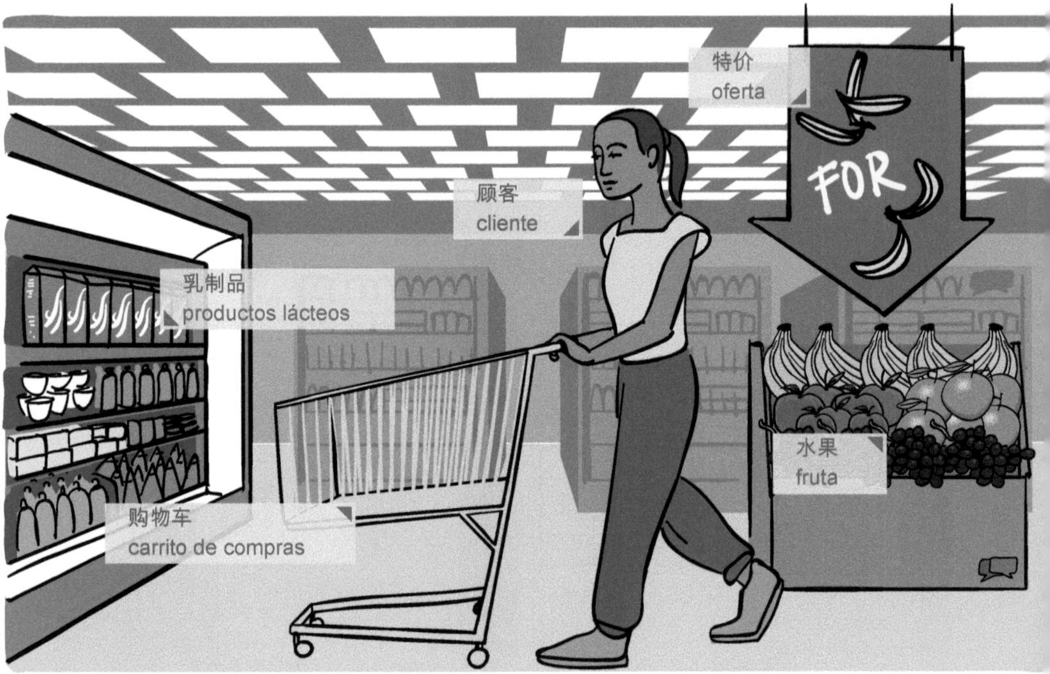

特价
oferta
FOR
顾客
cliente
乳制品
productos lácteos
水果
fruta
购物车
carrito de compras

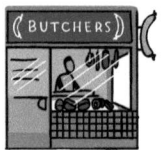

BUTCHERS

肉铺

carnicería

BAKERY

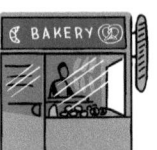

面包房

panadería

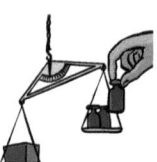

称重

pesar

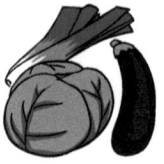

蔬菜

verdura

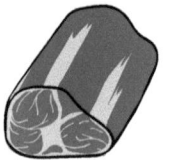

肉

carne

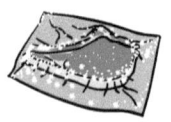

冷冻食品

alimentos congelados

冷盘
fiambre

罐头食品
conservas

洗衣粉
detergente en polvo

甜食
dulces

日用品
artículos domésticos

清洁用品
productos de limpieza

销售员
vendedora

收银机
caja

收银员
cajero

购物清单
lista de compras

开放时间
horario de atención

钱包
cartera

信用卡
tarjeta de crédito

袋子
maleta

塑料袋
bolsa plástica

超市 - supermercado

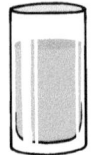

水
agua

果汁
jugo

牛奶
leche

可乐
refresco de cola

红酒
vino

啤酒
cerveza

酒
alcohol

可可
cacao

茶
té

咖啡
café

意式浓缩咖啡
espresso

卡布奇诺
cappuccino

香蕉

banana

苹果

manzana

橙子

naranja

西瓜

sandía

柠檬

limón

胡萝卜

zanahoria

大蒜

ajo

竹子

bambú

洋葱

cebolla

蘑菇

seta

坚果

nueces

面条

fideos

意大利面条

espagueti

米饭

arroz

沙拉

ensalada

薯条

patatas fritas

炸土豆

patatas salteadas

披萨饼

pizza

汉堡包

hamburguesa

三明治

sándwich

炸猪排

escalope

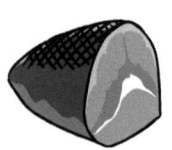

火腿

jamón

萨拉米

salame

香肠

embutido

鸡肉

pollo

烤肉

asado

鱼

pescado

燕麦片

copos de avena

穆兹利

musli

玉米片

copos de maíz tostado

面粉

harina

羊角面包

croissant

面包卷

panecillo

面包

pan

烤面包

tostada

饼干

galletas

黄油

mantequilla

凝乳

cuajada

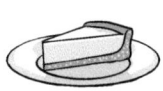

蛋糕

pastel

蛋

huevo

煎蛋

huevo frito

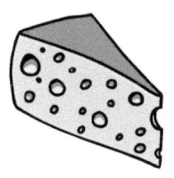

奶酪

queso

冰激凌

helado

糖

azúcar

蜂蜜

miel

果酱

mermelada

巧克力酱

praliné

咖喱饭

curry

农场
granja

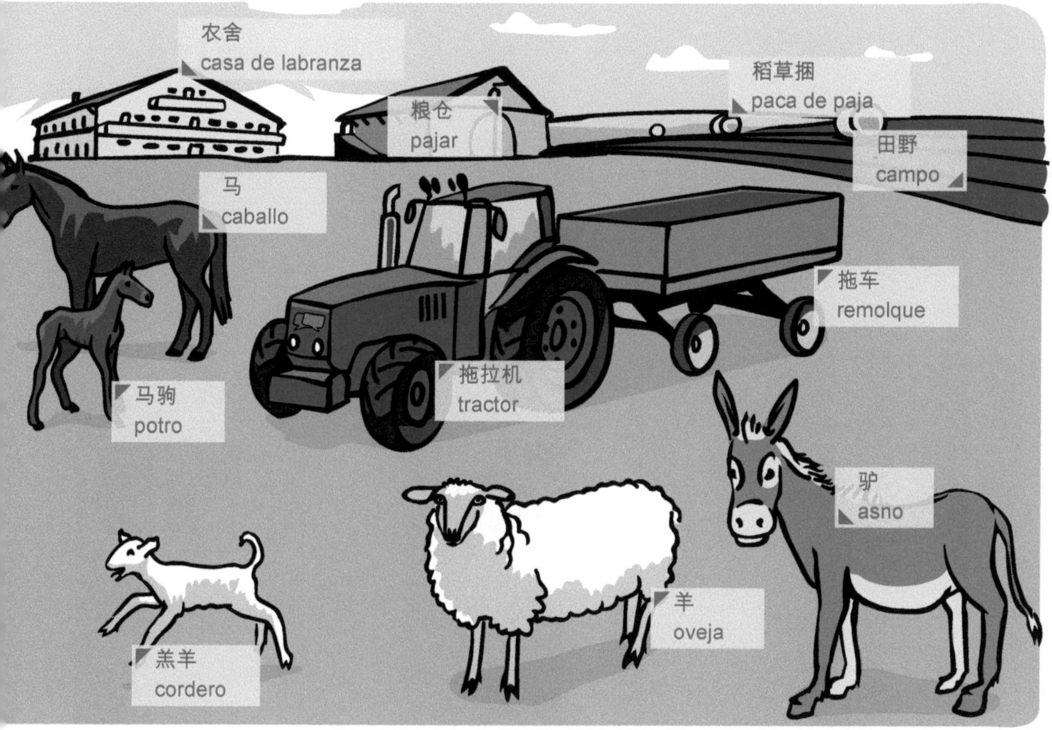

农舍
casa de labranza
粮仓
pajar
稻草捆
paca de paja
田野
campo
马
caballo
拖车
remolque
马驹
potro
拖拉机
tractor
驴
asno
羊
oveja
羔羊
cordero

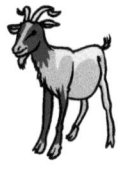

山羊

cabra

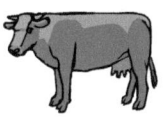

奶牛

vaca

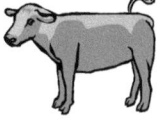

牛犊

ternero

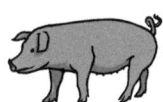

猪

cerdo

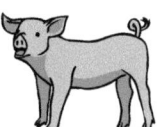

小猪

lechón

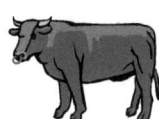

公牛

toro

鹅
ganso

鸭
pato

小鸡
polluelo

母鸡
pollo

公鸡
gallo

鼠
rata

猫
gato

老鼠
ratón

牛
buey

狗
perro

狗屋
caseta del perro

花园浇水软管
manguera de riego

洒水壶
regadera

长柄大镰刀
guadaña

犁
arado

28　　　　　　　　　农场 - granja

镰刀

hoz

锄头

azada

长柄草耙

bieldo

斧头

hacha

独轮手推车

carretilla

饲料槽

abrevadero

牛奶罐

lechera

麻布袋

saco

栅栏

cerca

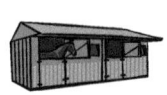

马厩

establo

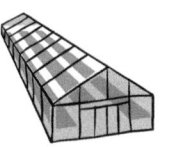

温室

invernadero

土壤

suelo

种子

semilla

肥料

fertilizante

联合收割机

cosechadora

农场 - granja

收割

cosechar

收割

cosecha

山药

raíz de ñame

小麦

trigo

大豆

soja

土豆

patata

玉米

maíz

油菜籽

colza

果树

Árbol frutal

树薯

mandioca

谷物

cereales

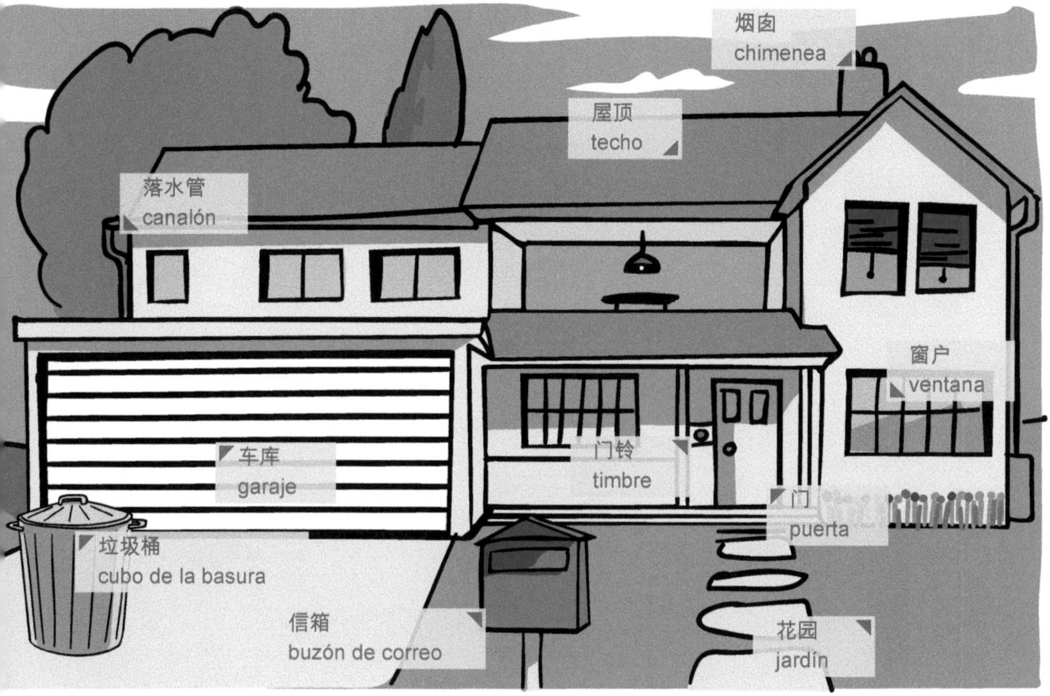

烟囱
chimenea

屋顶
techo

落水管
canalón

窗户
ventana

车库
garaje

门铃
timbre

门
puerta

垃圾桶
cubo de la basura

信箱
buzón de correo

花园
jardín

客厅
cuarto de estar

浴室
cuarto de baño

厨房
cocina

卧室
dormitorio

儿童房
cuarto de los niños

餐厅
comedor

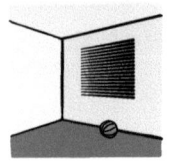

地板

piso

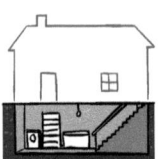

地窖

sótano

露台

terraza

被单

funda nórdica

扫帚

escoba

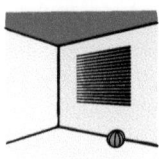

墙壁

pared

桑拿

sauna

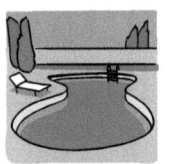

游泳池

piscina

床罩

edredón

水桶

cubo

吊顶

cielorraso

阳台

balcón

割草机

cortacésped

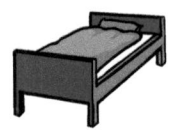

床

cama

开关

interruptor

房子 - casa

cuarto de estar

壁纸
papel para empapelar
照片
imagen
台灯
lámpara
搁架
estante
橱柜
gabinete
电视机
televisor
壁炉
hogar
花
flor
垫子
cojín
沙发
sofá
花瓶
florero
遥控器
control remoto

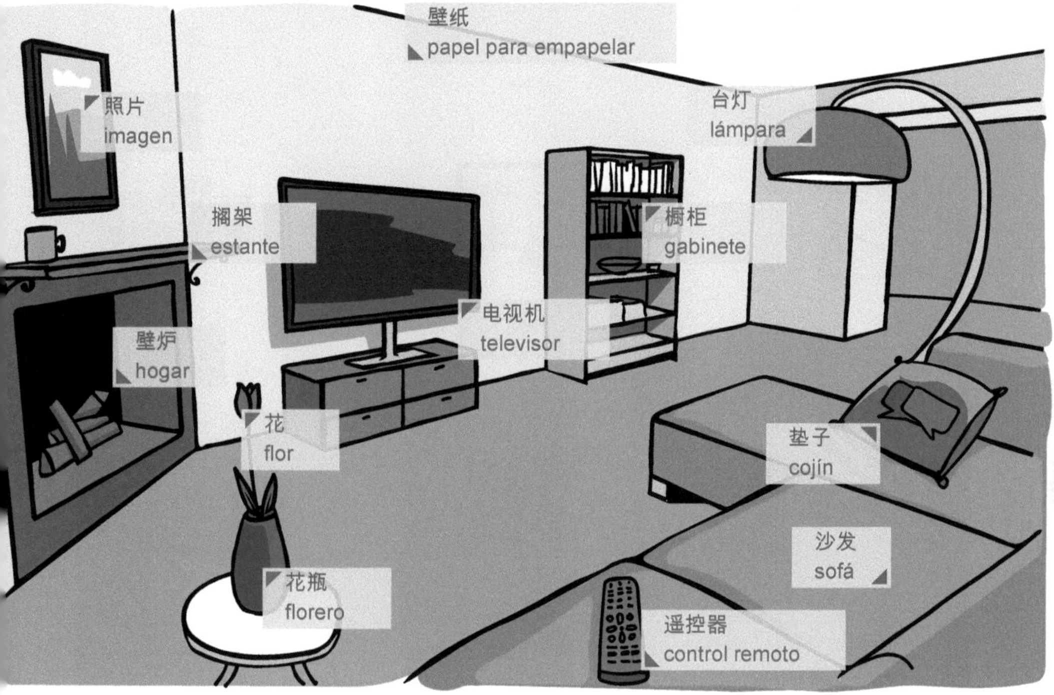

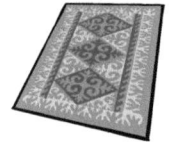

地毯

alfombra

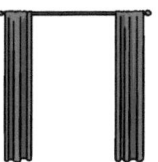

窗帘

cortina

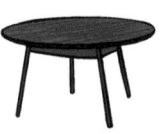

餐桌

mesa

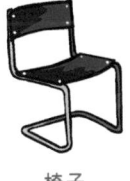

椅子

silla

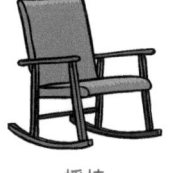

摇椅

mecedora

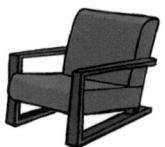

扶手椅

sillón

书
libro

毯子
frazada

装饰品
decoración

木柴
leña

电影
film

高保真音响
equipo estereofónico

钥匙
llave

报纸
periódico

油画
cuadro

海报
póster

收音机
radio

笔记本
bloc de notas

吸尘器
aspiradora

仙人掌
cactus

蜡烛
vela

厨房
cocina

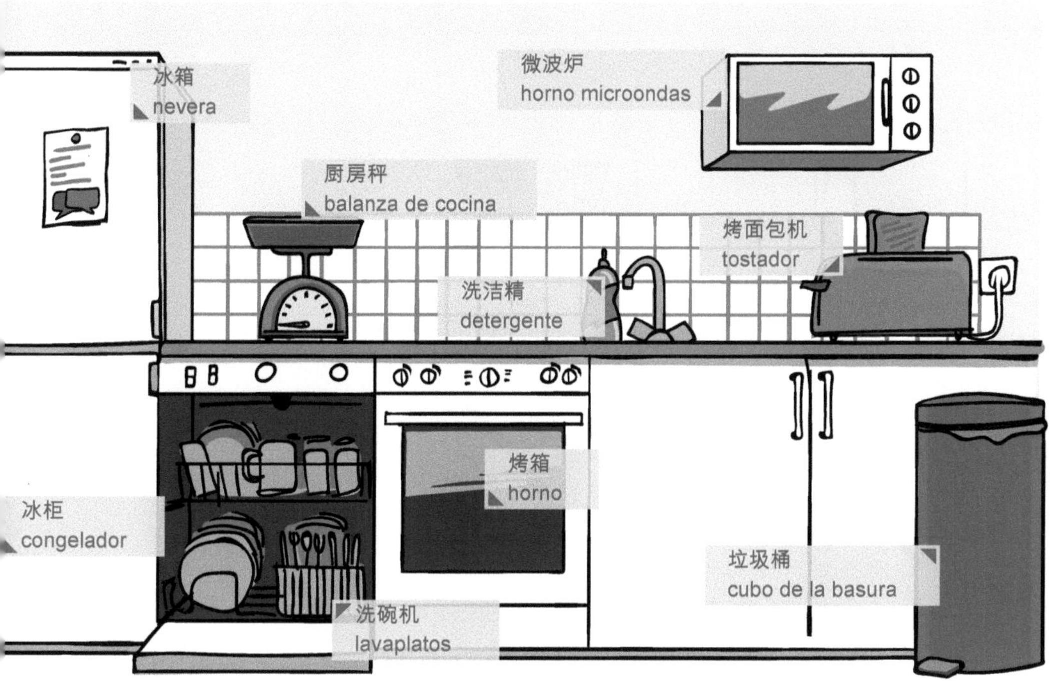

冰箱
nevera
微波炉
horno microondas
厨房秤
balanza de cocina
烤面包机
tostador
洗洁精
detergente
烤箱
horno
冰柜
congelador
垃圾桶
cubo de la basura
洗碗机
lavaplatos

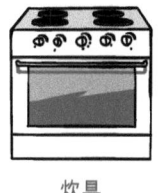

炊具
cocina

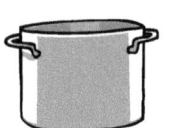

锅
olla

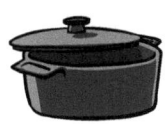

铸铁锅
olla de fundición de hierro

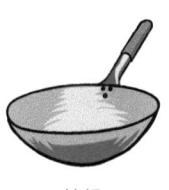

炒锅
wok / kadai

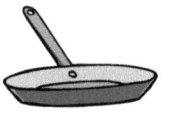

平底锅
sartén

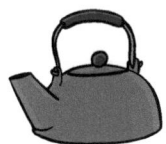

水壶
hervidor de agua

蒸锅

olla de vapor

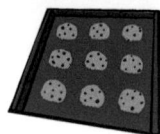

烤盘

bandeja de horno

陶瓷锅

vajilla

马克杯

vaso

碗

bol

筷子

palillos para comer

长柄勺

cucharón de sopa

铲子

espátula

搅拌器

batidor

滤网

colador

筛子

cedazo

磨碎机

rallador

研钵

mortero

烧烤

parrillada

明火

fogata

菜板

tabla de picar

擀面杖

rodillo

开瓶器

sacacorchos

罐子

lata

开罐器

abrelatas

隔热手套

agarrador

水槽

fregadero

刷子

cepillo

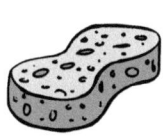

海绵

esponja

搅拌机

batidora

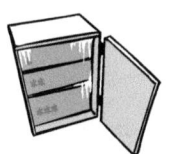

冷藏箱

arcón congelador

奶瓶

biberón

水龙头

grifo

浴室

cuarto de baño

供暖设备
calefacción
毛巾
toalla
淋浴
ducha
浴帘
cortina para ducha
泡沫浴
baño de espuma
浴缸
bañera
玻璃杯
vaso
洗衣机
lavadora
水龙头
grifo
瓷砖
baldosa
便壶
orinal
水槽
fregadero

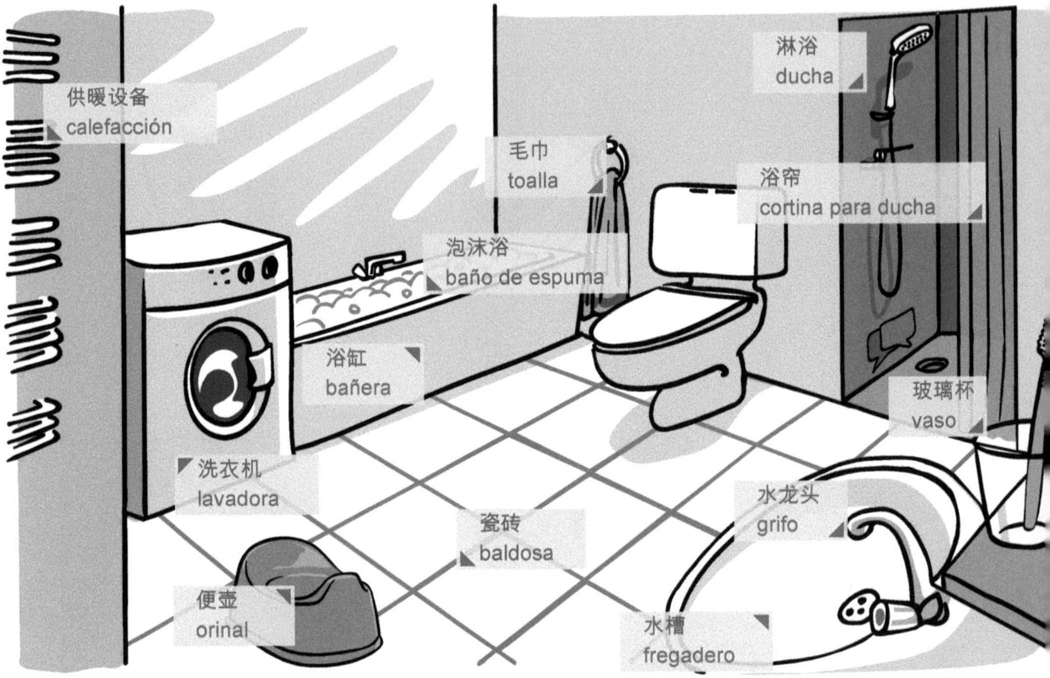

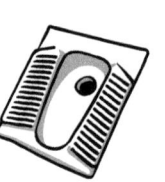

厕所

cuarto de baño

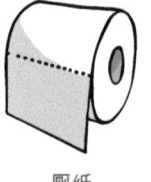

蹲便器

placa turca

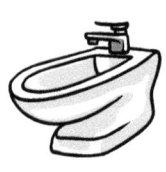

坐浴器

bidé

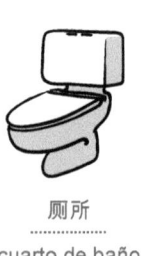

小便池

urinario

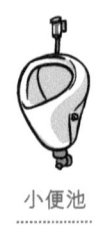

厕纸

papel higiénico

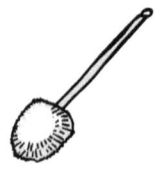

马桶刷

escobilla para el cuarto de baño

牙刷

cepillo de dientes

牙膏

pasta dentífrica

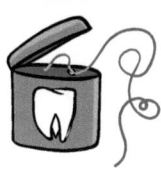

牙线

seda dental

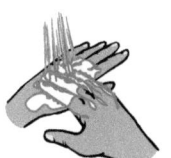

洗

lavar

手持式喷淋头

ducha teléfono

冲洗器

ducha higiénica

洗脸盆

cuenco

擦背刷

cepillo para la espalda

肥皂

jabón

沐浴露

gel de ducha

洗发水

champú

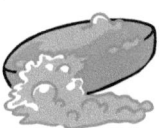

法兰绒

manopla para baño

排水

desagüe

乳霜

crema

除臭剂

desodorante

镜子

espejo

手镜

espejo de maquillaje

剃须刀

máquina de afeitar

剃须泡沫

espuma de afeitar

须后水

loción para después del afeitado

梳子

peine

刷子

cepillo

吹风机

secador para cabello

喷发定型剂

laca de peinado

化妆品

maquillaje

唇膏

lápiz labial

指甲油

laca para uñas

化妆棉

algodón

指甲剪

tijera para uñas

香水

perfume

洗漱包

neceser

凳子

taburete

计重秤

balanza

浴袍

bata de baño

橡胶手套

guantes de goma

卫生棉条

tampón

卫生巾

compresa

化学厕所

wáter químico

儿童房

cuarto de los niños

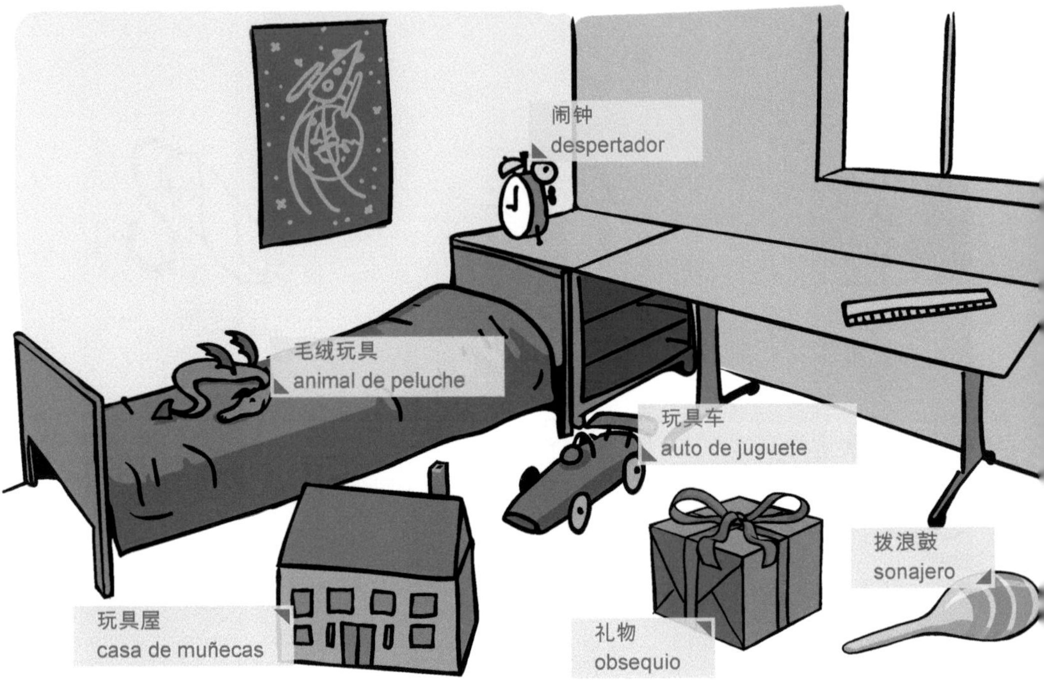
闹钟
despertador
毛绒玩具
animal de peluche
玩具车
auto de juguete
拨浪鼓
sonajero
玩具屋
casa de muñecas
礼物
obsequio

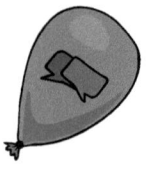

气球

globo

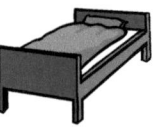

床

cama

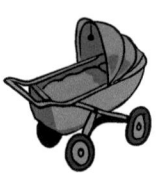

（洋娃娃用）婴儿车

cochecito para niños

扑克牌

juego de barajas

拼图

rompecabezas

SUPER
MEGA

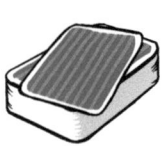

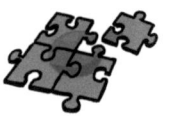

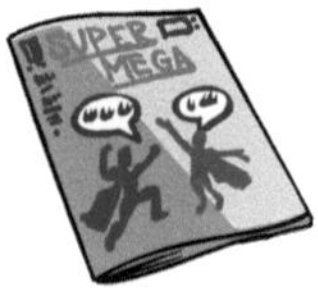

漫画

cómic

乐高积木

piezas de Lego

积木玩具

bloques para jugar

玩具人

figura de acción

婴儿服

pijama de una pieza

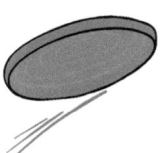

飞盘

frisbee

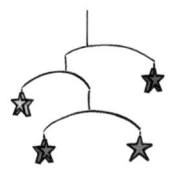

床铃玩具

móvil

棋盘游戏

juego de mesa

骰子

dado

火车模型

tren eléctrico a escala

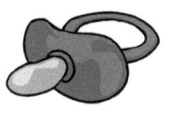

安抚奶嘴

chupete

聚会

fiesta

绘本

libro de dibujos

球

pelota

洋娃娃

títere

玩

jugar

沙坑

arenero

秋千

columpio

玩具

juguetes

游戏机

consola de videojuego

三轮车

tricíclo

泰迪熊

osito de peluche

衣柜

guardarropa

衣服

vestimenta

袜子

calcetines

长袜

medias

紧身裤

panti

围巾
chal

雨伞
paraguas

皮带
cinturón

T恤
camiseta

运动鞋
deportivas

靴子
botas

拖鞋
zapatilla

凉鞋

sandalias

鞋

zapatos

雨靴

botas de goma

内裤

ropa interior

胸罩

corpiño

背心

camiseta

衣服 - vestimenta

45

身体
body

裤子
pantalón

牛仔裤
jeans

短裙
falda

女式衬衫
blusa

衬衫
camisa

套头衫
pullover

卫衣
sweater

西装夹克
blazer

夹克
chaqueta

外套
abrigo

雨衣
impermeable

套装
traje chaqueta

连衣裙
vestido

婚纱
vestido de bodas

西装
traje

睡袍
camisón

睡衣
pijama

莎丽
sari

头巾
pañuelo de cabeza

包头巾
turbante

波卡
burka

卡夫坦
caftán

(阿拉伯式)长袍
abaya

泳衣
traje de baño

男式泳裤
bañador

短裤
shorts

运动服
chándal

围裙
delantal

手套
guante

纽扣
botón

眼镜
gafa

手链
brazalete

项链
cadena

戒指
anillo

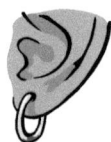

耳环
aro

便帽
gorra

衣架
percha

帽子
sombrero

领带
corbata

拉链
cierre a cremallera

头盔
casco

背带
tiradores

校服
uniforme escolar

制服
uniforme

围兜

babero

安抚奶嘴

chupete

尿不湿

pañal

办公室
oficina

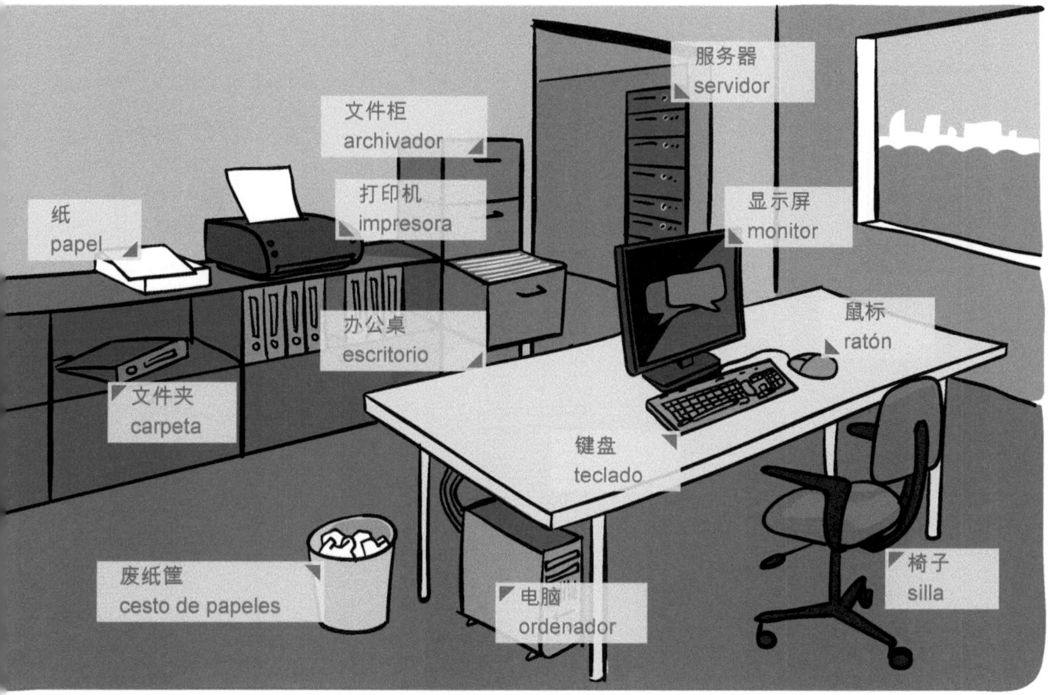

服务器
servidor

文件柜
archivador

打印机
impresora

显示屏
monitor

纸
papel

鼠标
ratón

办公桌
escritorio

文件夹
carpeta

键盘
teclado

废纸筐
cesto de papeles

电脑
ordenador

椅子
silla

咖啡杯

taza de café

计算器

calculadora

因特网

internet

笔记本电脑

laptop

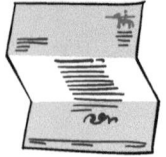

信件

carta

消息

mensaje

手机

teléfono móvil

网络

red

复印机

fotocopiadora

软件

software

电话

teléfono

插座

tomacorriente

传真机

máquina de fax

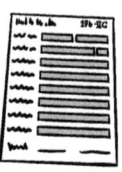

表格

formulario

文件

documento

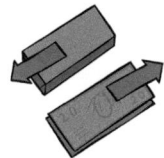

买
....
comprar

付钱
....
pagar

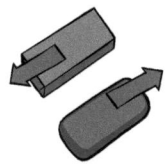

交易
....
comerciar

现金
....
dinero

美元
....
dólar

欧元
....
euro

日元
....
yen

卢布
....
rublo

瑞士法郎
....
franco

人民币
....
renminbi

卢比
....
rupia

提款处
....
cajero automático

外币兑换处

casa de cambio

金

oro

银

plata

石油

petróleo

能源

energía

价格

precio

合同

contrato

税金

impuesto

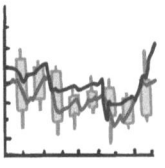

股票

acción

工作

trabajar

职员

empleado

老板

empleador

工厂

fábrica

商店

negocio

警官
policía

消防员
bombero

厨师
cocinero

医生
médico

飞行员
piloto

园丁
jardinero

木匠
carpintero

裁缝
costurera

法官
juez

化学家
químico

演员
actor

公交车司机

conductor de autobús

出租车司机

taxista

渔夫

pescador

清洁女工

mujer de la limpieza

屋顶工

techista

服务员

camarero

猎人

cazador

画家

pintor

面包师

panadero

电工

electricista

建筑工人

albañil

工程师

ingeniero

屠夫

carnicero

水管工

fontanero

邮递员

cartero

士兵

soldado

建筑师

arquitecto

收银员

cajero

花农

florista

理发师

peluquero

售票员

cobrador

机械师

mecánico

船长

capitán

牙医

odontólogo

科学家

científico

拉比

rabino

伊玛目

imam

和尚

monje

牧师

párroco

铁锤
martillo

螺丝刀
destornillador

扳手
llave de tuercas

钳子
tenazas

手电筒
lámpara de me

挖掘机

excavadora

工具箱

caja de herramientas

梯子

escalerilla

锯子

serrucho

钉子

clavos

钻机

taladro

修

reparar

铲子

pala

靠！

¡Maldición!

簸箕

recogedor

油漆桶

lata de pintura

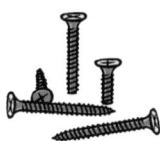

螺丝

tornillos

乐器

instrumentos musicales

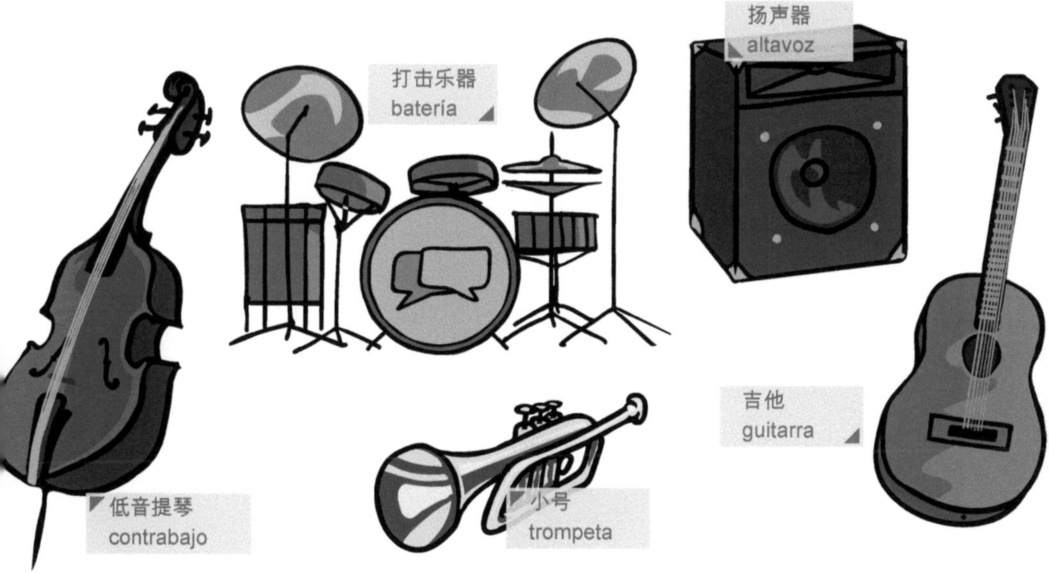

扬声器
altavoz

打击乐器
batería

低音提琴
contrabajo

小号
trompeta

吉他
guitarra

钢琴

piano

小提琴

violín

贝斯

bajo

定音鼓

timbales

鼓

tambor

电子琴

teclado

萨克斯管

saxofón

长笛

flauta

麦克风

micrófono

动物园

zoológico

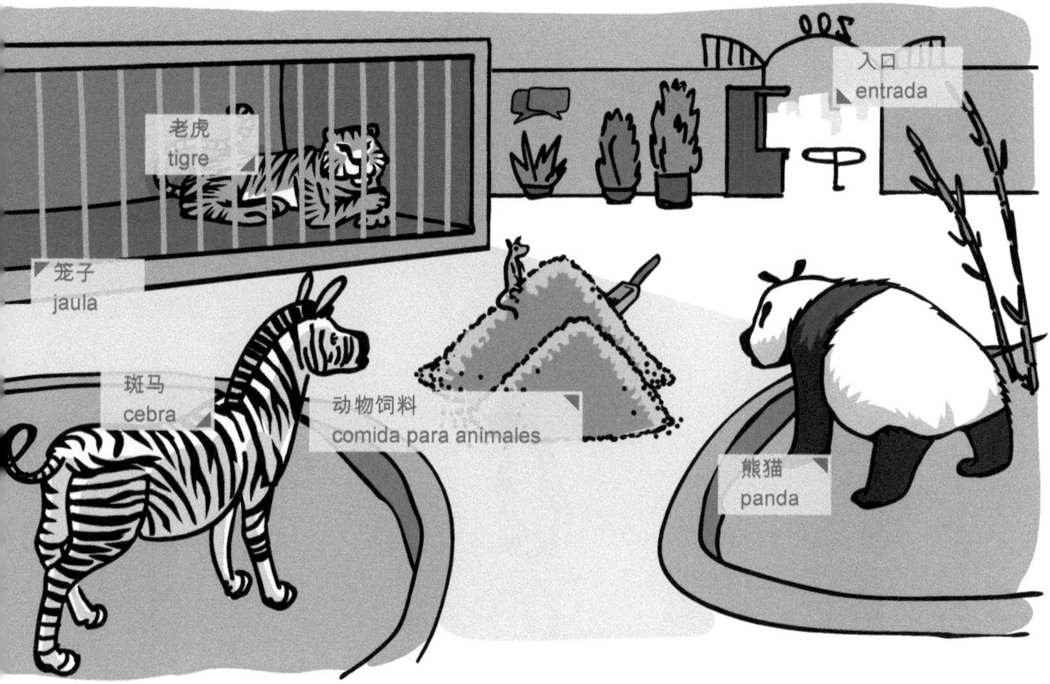

入口
entrada
老虎
tigre
笼子
jaula
斑马
cebra
动物饲料
comida para animales
熊猫
panda

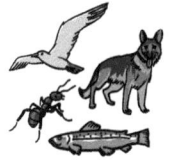

动物
animales

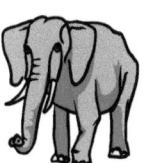

大象
elefante

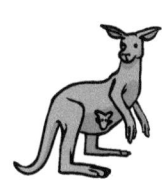

袋鼠
canguro

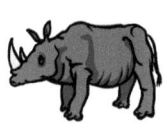

犀牛
rinoceronte

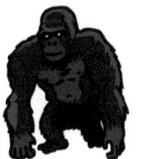

大猩猩
gorila

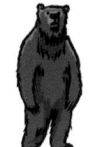

熊
oso

骆驼

camello

鸵鸟

avestruz

狮子

león

猴子

mono

火烈鸟

flamengo

鹦鹉

papagayo

北极熊

oso polar

企鹅

pingüino

鲨鱼

tiburón

孔雀

pavo real

蛇

serpiente

鳄鱼

cocodrilo

动物园管理员

cuidador del zoológico

海豹

foca

美洲豹

jaguar

矮种马

pony

豹

leopardo

河马

hipopótamo

长颈鹿

jirafa

老鹰

águila

野猪

jabalí

鱼

pescado

龟

tortuga

海象

morsa

狐狸

zorro

羚羊

gacela

橄榄球
fútbol americano

骑自行车
ciclismo

网球
tenis

篮球
baloncesto

游泳
natación

拳击
boxeo

冰球
hockey sobre hielo

英式足球
fútbol

羽毛球
badminton

田径
atletismo

手球
balonmano

滑雪
esquí

马球
polo

跳
saltar

笑
reír

拥抱
abrazar

走路
caminar

唱
cantar

做梦
soñar

祈祷
rezar

亲吻
besar

书写
escribir

画
dibujar

展示
mostrar

推
presionar

给
dar

拿
tomar

活动 - actividades

63

有
tener

做
hacer

当
ser

站
estar de pie

跑
correr

拉
tirar

扔
arrojar

摔倒
caer

躺
estar acostado

等待
esperar

携带
llevar

坐
estar sentado

穿衣
vestirse

睡觉
dormir

醒来
despertar

看
mirar

哭
llorar

抚摸
acariciar

梳头
peinarse

交谈
conversar

明白
entender

问
preguntar

听
oír

喝
beber

吃
comer

清理
asear

爱
amar

做饭
cocinar

开车
conducir

飞
volar

航行

navegar

计算

calcular

读

leer

学习

aprender

工作

trabajar

结婚

casarse

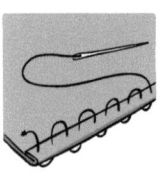

缝

coser

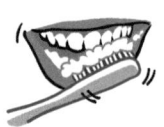

刷牙

limpiarse los dientes

杀

matar

抽烟

fumar

寄

enviar

祖母
abuela

祖父
abuelo

父亲
padre

母亲
madre

婴童
bebé

女儿
hija

儿子
hijo

客人

invitado

阿姨

tía

叔叔

tío

兄弟

hermano

姐妹

hermana

身体

cuerpo

前额
frente
眼睛
ojo
脸
cara
下巴
barbilla
乳房
pecho
手指
dedo
手
mano
手臂
brazo
肩膀
hombro
腿
pierna

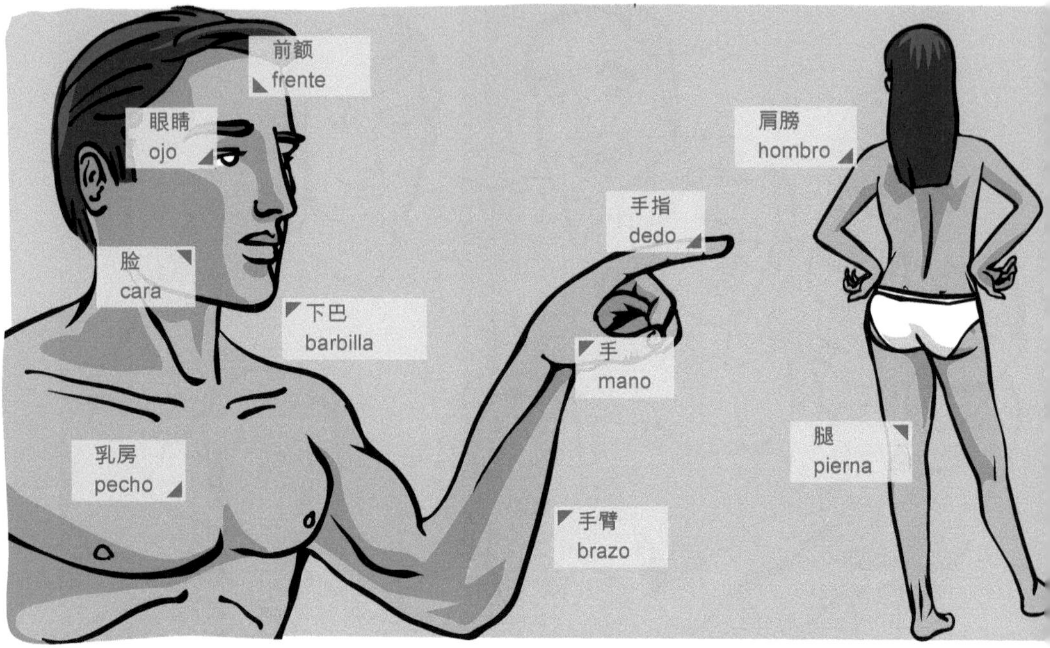

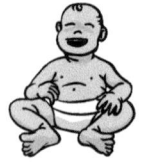

婴童

bebé

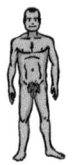

男人

hombre

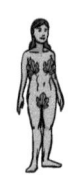

女人

mujer

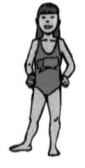

女孩

muchacha

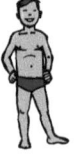

男孩

joven

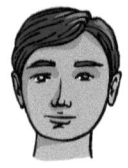

头

cabeza

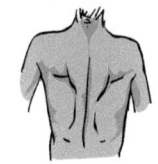

背部

espalda

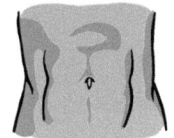

肚子

vientre

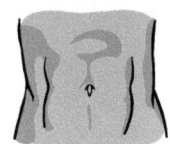

肚脐

ombligo

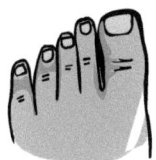

脚趾

dedo del pie

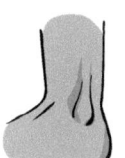

脚后跟

talón

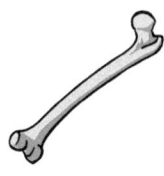

骨头

hueso

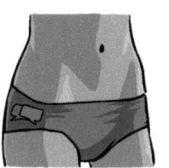

臀部

cadera

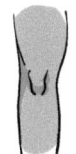

膝盖

rodilla

手肘

codo

鼻子

nariz

屁股

trasero

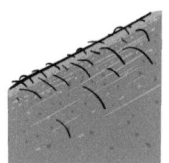

皮肤

piel

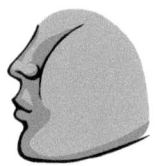

脸颊

mejilla

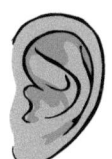

耳朵

oreja

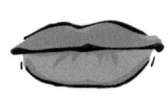

嘴唇

labio

身体 - cuerpo

嘴
boca

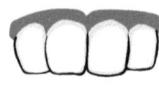

牙齿
diente

舌头
lengua

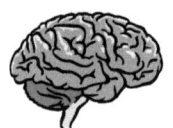

脑
cerebro

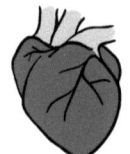

心脏
corazón

肌肉
músculo

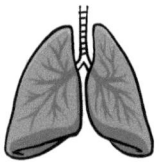

肺
pulmón

肝脏
hígado

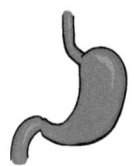

胃
estómago

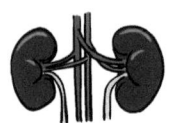

肾脏
riñones

性交
relación sexual

避孕套
condón

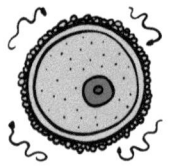

卵子
Óvulo

精子
esperma

怀孕
embarazo

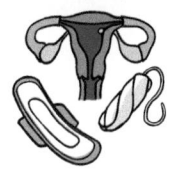

月经

menstruación

阴道

vagina

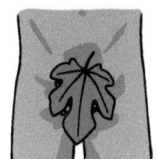

阴茎

pene

眉毛

ceja

头发

cabello

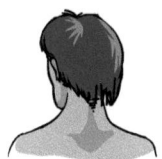

脖子

cuello

身体 - cuerpo

医院

hospital

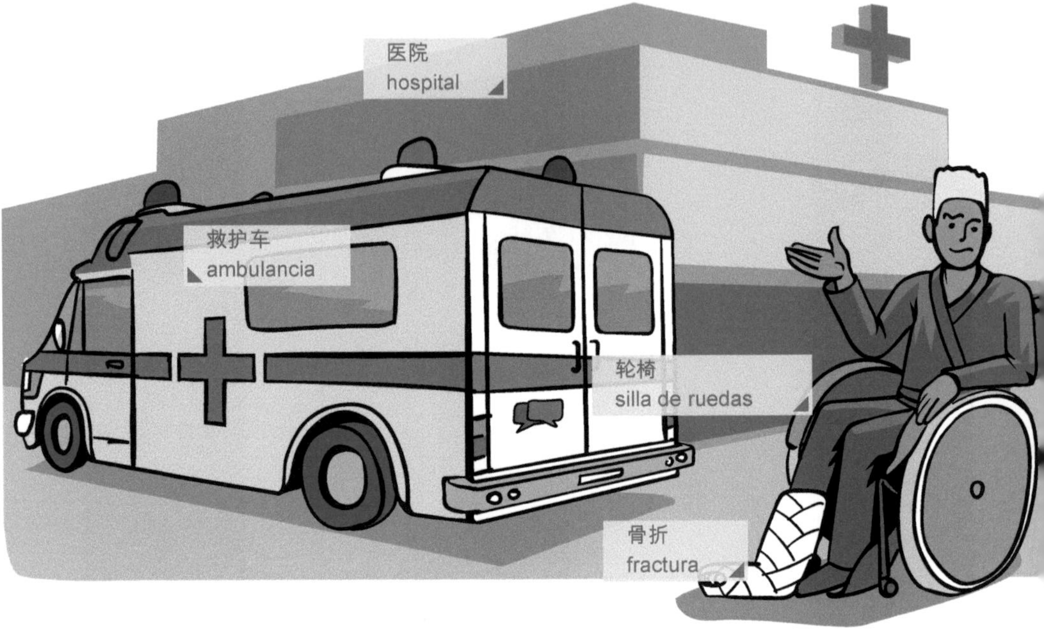

医院
hospital
救护车
ambulancia
轮椅
silla de ruedas
骨折
fractura

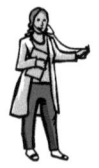

医生

médico

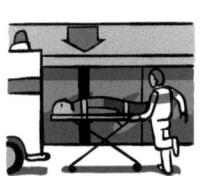

急诊室

admisión de urgencia

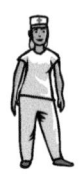

护士

enfermera

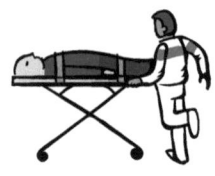

紧急情况

emergencia

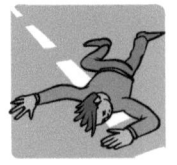

昏迷

inconsciente

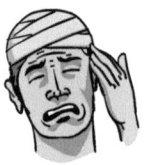

痛

dolor

受伤

lesión

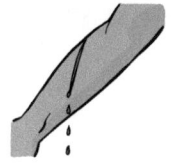

出血

hemorragia

心脏病发作

infarto de miocardio

中风

apoplejía cerebral

过敏

alergia

咳嗽

tos

发烧

fiebre

流感

gripe

腹泻

diarrea

头痛

dolor de cabeza

癌症

cáncer

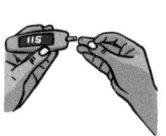

糖尿病

diabetes

外科医生

cirujano

手术刀

escalpelo

手术

operación

CT
TC

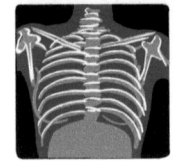

X光
rayos X

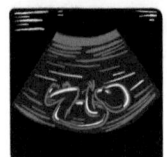

超声波
ultrasonido

口罩
máscara

疾病
enfermedad

候诊室
sala de espera

拐杖
muleta

石膏
emplasto

绷带
vendaje

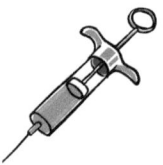

注射
inyección

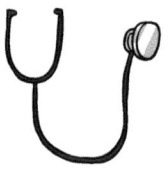

听诊器
estetoscopio

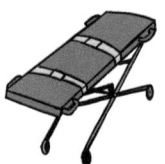

担架
camilla

体温计
termómetro

出生
nacimiento

超重
sobrepeso

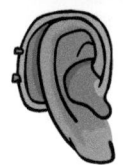

助听器

audífono

消毒液

desinfectante

感染

infección

病毒

virus

艾滋病

VIH / SIDA

药物

medicina

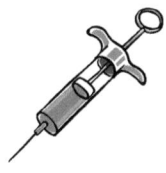

接种疫苗

vacunación

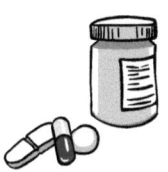

药片

comprimido

药丸

píldora anticonceptiva

急救电话

llamada de emergencia

血压计

medidor de presión arterial

生病/健康

enfermo / saludable

医院 - hospital

救命！

¡Ayuda!

警报

alarma

突击

asalto

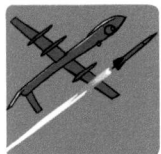

攻击

ataque

危险

peligro

紧急出口

salida de emergencia

着火啦！

¡Fuego!

灭火器

extintor

意外

accidente

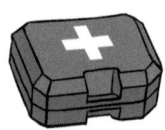

急救箱

kit de primeros auxilios

呼救信号

SOS

警察

Policía

欧洲

Europa

北美洲

América del Norte

南美洲

América del Sur

非洲

África

亚洲

Asia

澳洲

Australia

大西洋

Atlántico

太平洋

Pacífico

印度洋

Océano Índico

南冰洋

Océano Antártico

北冰洋

Océano Ártico

北极

Polo Norte

南极

Polo Sur

南极洲

Antártida

地球

Tierra

陆地

país

海

mar

岛

isla

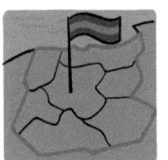

国家

nación

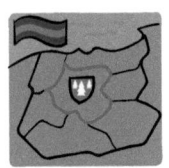

国家

Estado

钟面

cuadrante

时针

horario

分针

minutero

秒针

segundero

现在几点？

¿Qué hora es?

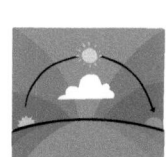

天

día

时间

tiempo

现在

ahora

电子表

reloj digital

分

minuto

时

hora

周

semana

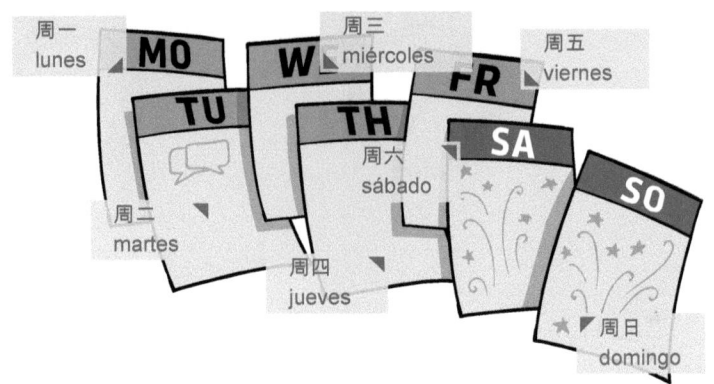

周一 lunes
周二 martes
周三 miércoles
周四 jueves
周五 viernes
周六 sábado
周日 domingo

昨天

ayer

今天

hoy

明天

mañana

早晨

mañana

中午

mediodía

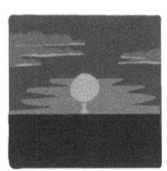

晚上

tarde

工作日

jornada de trabajo

周末

fin de semana

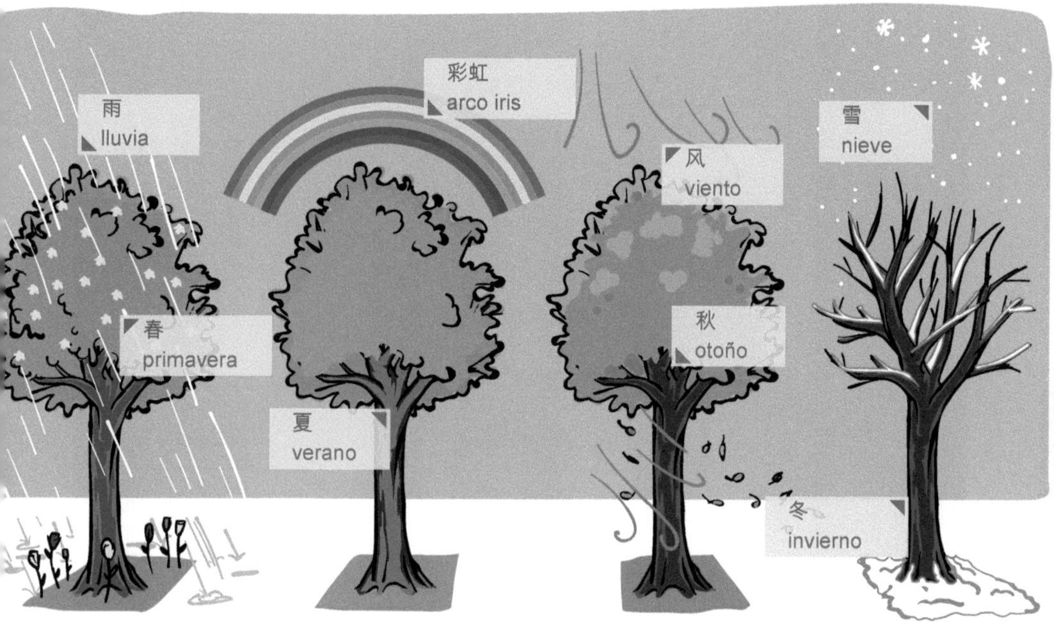

雨
lluvia
彩虹
arco iris
风
viento
雪
nieve
春
primavera
秋
otoño
夏
verano
冬
invierno

4.APRIL 11°
5.APRIL 4°
6.APRIL 13°
7.APRIL 8°
8.APRIL 10°

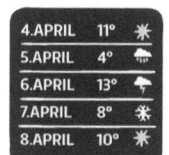

天气预报

pronóstico meteorológico

F
C
120
90
60
30
0
-30
40
30
20
10
0
-10
-20

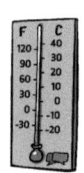

温度计

termómetro

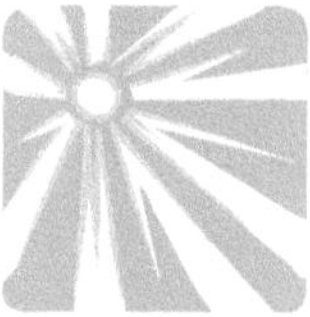

阳光

luz solar

云

nube

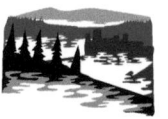

雾

niebla

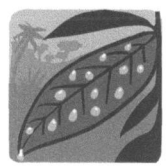

潮湿

humedad ambiente

闪电

relámpago

打雷

trueno

风暴

tormenta

冰雹

granizo

季风

monzón

洪水

inundación

冰

hielo

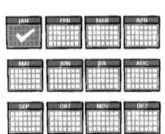

一月

enero

二月

febrero

三月

marzo

四月

abril

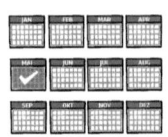

五月

mayo

六月

junio

七月

julio

八月

agosto

年 - año

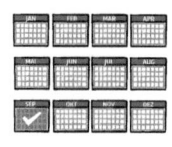

九月

septiembre

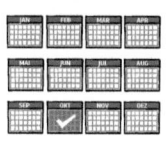

十月

octubre

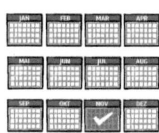

十一月

noviembre

十二月

diciembre

形状

formas

圆形

círculo

正方形

cuadrado

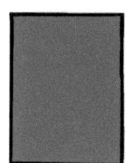

长方形

rectángulo

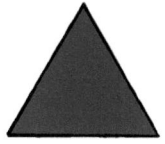

三角形

triángulo

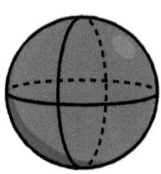

球体

esfera

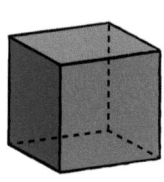

立方体

cubo

白

blanco

黄

amarillo

橙

anaranjado

粉

rosa

红

rojo

紫

lila

蓝

azul

绿

verde

棕

marrón

灰

gris

黑

negro

很多/少许

mucho / poco

生气/平静

enojado / calmado

美/丑

bonito / feo

首/尾

comienzo / fin

大/小

grande / pequeño

明/暗

claro / oscuro

兄弟/姐妹

hermano / hermana

干净/肮脏

limpio / sucio

完整/缺失

completo / incompleto

白天/晚上

día / noche

死/生

muerto / vivo

宽/窄

ancho / angosto

可食用/非食用

disfrutable / no disfrutable

邪恶/善良

malo / amigable

兴奋/无聊

excitado / aburrido

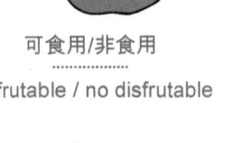

胖/瘦

gordo / delgado

第一/最后

primero / último

朋友/敌人

amigo / enemigo

满/空

lleno / vacío

硬/软

duro / suave

重/轻

pesado / liviano

饿/渴

hambre / sed

生病/健康

enfermo / saludable

非法/合法

ilegal / legal

聪明/愚笨

inteligente / tonto

左/右

izquierda / derecha

近/远

cercano / lejano

新/旧

nuevo / usado

没有/有些

nada / algo

老/幼

viejo / joven

开/关

encendido / apagado

打开/合上

abierto / cerrado

安静/吵闹

bajo / fuerte

富/穷

rico / pobre

对/错

correcto / incorrecto

粗糙/光滑

áspero / liso

伤心/高兴

triste / alegre

短/长

breve / extenso

慢/快

lento / veloz

湿/干

mojado / seco

温暖/凉爽

caliente / frío

战争/和平

guerra / paz

反义词 - opuestos

0

零

cero

1

一

uno

2

二

dos

3

三

tres

4

四

cuatro

5

五

cinco

6

六

seis

7

七

siete

8

八

ocho

9

九

nueve

10

十

diez

11

十一

once

12
十二
doce

13
十三
trece

14
十四
catorce

15
十五
quince

16
十六
dieciséis

17
十七
diecisiete

18
十八
dieciocho

19
十九
diecinueve

20
二十
veinte

100
百
cien

1.000
千
mil

1.000.000
百万
millón

数字 - números

英语
....
inglés

美式英语
....
inglés estadounidense

普通话
....
chino mandarín

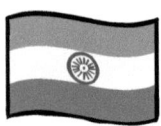

印地语
....
hindi

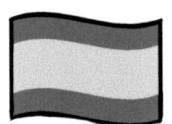

西班牙语
....
español

法语
....
francés

阿拉伯语
....
árabe

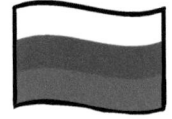

俄语
....
ruso

葡萄牙语
....
portugués

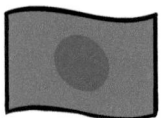

孟加拉语
....
bengalí

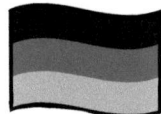

德语
....
alemán

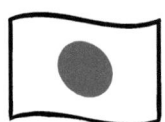

日语
....
japonés

我

yo

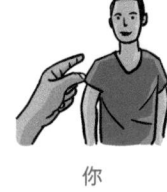

你

tú

他/她/它

él / ella

我们

nosotros

你们

vosotros

他们

ellos

谁？

¿quién?

什么？

¿qué?

怎样？

¿cómo?

哪里？

¿dónde?

什么时候？

¿cuándo?

名字

nombre

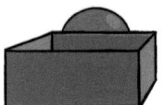

后面
detrás

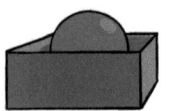

里面
en

前面
delante de

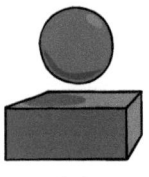

上方
encima de

上面
sobre

下面
debajo de

旁边
junto a

中间
entre

地点
lugar